AF105030

www.ingramcontent.com/pod-product-compliance
Lightning Source LLC
LaVergne TN
LVHW010418070526
838199LV00064B/5341
* 9 7 8 9 3 5 8 7 2 6 1 5 2 *

گاجر کے فوائد

(مضامین)

مرتبہ:

اعجاز عبید

© Taemeer Publications LLC

Gaajar ke Favaaid (Essays)

by: Aijaz Ubaid

Edition: April '2024

Publisher :

Taemeer Publications LLC (Michigan, USA / Hyderabad, India)

ISBN 978-93-5872-615-2

9 789358 726152

مصنف یا ناشر کی پیشگی اجازت کے بغیر اس کتاب کا کوئی بھی حصہ کسی بھی شکل میں بشمول ویب سائٹ پر اَپ لوڈنگ کے لیے استعمال نہ کیا جائے۔ نیز اس کتاب پر کسی بھی قسم کے تنازع کو نمٹانے کا اختیار صرف حیدرآباد (تلنگانہ) کی عدلیہ کو ہو گا۔

© تعمیر پبلی کیشنز

کتاب	:	**گاجر کے فوائد** (مضامین)
مصنف	:	**اعجاز عبید**
صنف	:	غیر افسانوی نثر
ناشر	:	تعمیر پبلی کیشنز (حیدرآباد، انڈیا)
سالِ اشاعت	:	۲۰۲۴ء
صفحات	:	۴۰
سرورق ڈیزائن	:	تعمیر ویب ڈیزائن

فہرست

(۱)	گاجر بتائے فائدے ہی فائدے	عبیر فاطمہ	6
(۲)	گاجر کے بے شمار فائدے	لطیف الرحمن	10
(۳)	گاجر دل اور ڈپریشن کا فوری علاج	ریحان	14
(۴)	گاجر کے غذائی اور دوائی فوائد	دلدار خان	19
(۵)	گاجر کو استعمال کیوں کرنا چاہیئے	سعید اقبال	23
(۶)	گاجر کے غذائی اور طبی فوائد	حریم نیازی	33
(۷)	گاجر کا جوس کینسر کے مریض کے لیے مفید	سید قیصر	38

گاجر بتائے فائدے ہی فائدے

عبیر فاطمہ

غذائی اعتبار سے گاجر وٹامن اے کا بہترین ذریعہ ہے، کیروٹین نامی مادہ جو وٹامن کی ابتدائی شکل ہوتا ہے، گاجر کے انگریزی نام کیرٹ سے ہی ماخوذ ہے، کیروٹین ہمارے جسم میں جاکر جگر کے ذریعے وٹامن اے بن جاتا ہے

گاجر دنیا بھر میں ایک مقبول سبزی ہے۔ یہ مقوی اور مصفی غذا ہے۔ گاجر کے سبز پتے بھی غذائیت سے بھرپور ہوتے ہیں۔ ان میں پروٹین، معدنیات اور وٹامنز وافر مقدار میں پائے جاتے ہیں۔

قدرتی فائدے اور شفاء بخش اجزاء

گاجر میں کھاری اجزاء جو خون کو صاف اور قوی بناتے ہیں۔ یہ پورے جسم کی نشوونما کرتے ہیں اور بدن میں تیزابیت اور کھار کا توازن برقرار رکھنے میں مدد دیتی ہے۔ گاجر کے جوس کو "کرشماتی مشروب" کہا جاتا ہے۔ یہ نہ صرف بچوں کے لئے صحت بخش مشروب ہے بلکہ بڑوں کو بھی فائدہ دیتا ہے۔ یہ آنکھوں کو توانائی دیتا ہے۔ جسم کے خلاؤں میں پائی جانے والی نسیجوں کو صحت مند رکھتا ہے اور جلد کو تازگی بخشتا ہے۔ گاجر کا جوس حمل کے ابتدائی عرصہ میں عورتوں کے لئے مفید

نہیں، کیونکہ یہ پیشاب کی نالیوں کی دیواروں میں زہریلا پن پیدا کرتا ہے جس سے اسقاط کا خطرہ لاحق ہو سکتا ہے۔

دانتوں کے امراض

کھانا کھانے کے بعد ایک گاجر چبا کر کھانے سے منہ میں خوراک کے ذریعے پہنچنے والے مضر جراثیم ہلاک ہو جاتے ہیں۔ یہ دانتوں کو صاف کرتی ہے۔ دانتوں کے خلاؤں سے خوراک کے اجزاء نکال دیتی ہے۔ مسوڑھوں سے خون رسنا بند ہو جاتا ہے اور دانتوں کا انحطاط رک جاتا ہے۔

ہاضمہ کی خرابیاں

گاجر چبا کر کھانے سے لعاب دہن میں اضافہ ہوتا ہے اور ہاضمہ کا عمل تیز ہو جاتا ہے کیونکہ یہ معدے کو ضروری اینزائمز، معدنی اجزاء اور وٹامنز مہیا کرتی ہے۔ گاجر کا باقاعدہ استعمال معدے کے السر کو روکتا ہے اور ہاضمہ کی دیگر بیماریاں لاحق نہیں ہونے دیتا۔ گاجر کا جوس انتڑیوں کے قولنج، بڑی آنت کی سوزش، اپنڈیسائٹس، السر اور بدہضمی میں موثر علاج ہے۔

قبض

گاجر کا جوس اگر پالک کے جوس کے ساتھ تھوڑا سا لیموں کا رس ملا کر پیا جائے تو قبض کی شکایت دور ہو جاتی ہے۔ واضح رہے کہ پالک کا جوس انتڑیوں کو صاف کرتا ہے۔ یہ مشترکہ مشروب پینے کے فوراً بعد اپنا اثر نہیں دکھاتا لیکن دو ماہ کے استعمال سے انتڑیاں باقاعدہ اجابت کا عمل شروع کر دیتی ہیں۔ مذکورہ مشروب تیار کرنے کے لئے ۲۵۰ ملی لیٹر گاجر کے جوس میں ۵۰ ملی لیٹر پالک کا جوس ملانا چاہیے۔

اسہال

گاجر کا جوس اسہال کے مرض میں ایک عمدہ قدرتی علاج ثابت ہوتا ہے۔ یہ پانی کی کمی کو دور کرتا ہے، نمکیات (سوڈیم، پوٹاشیم، فاسفورس، کیلشیم، سلفر اور میگنیشیم) کا نقصان پورا کرتا ہے۔ گاجر کا جوس پیکٹین مہیا کر کے آنتوں کو سوزش سے تحفظ دیتا ہے۔ اس کے استعمال سے بیکٹیریا کی نشو و نما رک جاتی ہے اور قے بند ہو جاتی ہے۔ بچوں کے لئے تو یہ بہت مفید ہے۔ آدھا کلو گاجروں کو ۱۵۰ ملی لیٹر پانی میں ابالیں کہ یہ نرم ہو جائیں۔ پانی کو نتھار لیں اور آدھا کھانے کا چمچہ نمک ڈال کر یہ مشروب ہر آدھے گھنٹے بعد مریض کو دیں۔ ۲۴ گھنٹے میں بہتری کے آثار نظر آنے لگتے ہیں۔

پیٹ کے کیڑے

گاجر ہر قسم کے طفیلیوں (جراثیم، بیکٹیریا وغیرہ) کی دشمن ہے۔ چنانچہ بچوں کے پیٹ سے کیڑے خارج کرنے کے لئے بہت مفید ہے۔ ایک چھوٹا کپ کدو کش کی ہوئی گاجر صبح کے وقت کھانا (اس کے ساتھ کسی اور چیز کو نہ شامل کیا جائے تو) پیٹ کے کیڑے تیزی سے خارج ہو جاتے ہیں۔

بانجھ پن

کچی گاجر زرخیزی کے لئے بہت اچھی ہے۔ بعض اوقات بانجھ پن کا موثر علاج محض اس کا استعمال ہی بن جاتا ہے۔ بانجھ پن کے اسباب میں سے ایک یہ ہوتا ہے کہ مسلسل ایسا کھانا کھایا جائے جو پکنے کے دوران انزائمز سے محروم ہو چکا ہو۔ تلی ہوئی غذاؤں میں بھی انزائمز ختم ہو جاتے ہیں۔

دیگر استعمال

گاجر کو مختلف طریقوں سے کھایا جاتا ہے۔ اسے سلاد کی صورت میں کچا استعمال کرتے ہیں۔ اسے ابال کر بھی کھایا جاتا ہے اور بھون کر سالن کے طور پر بھی استعمال میں لاتے ہیں۔ اس کا شوربہ اور جوس بھی دنیا بھر میں مقبول ہے لیکن یہ کچی حالت میں زیادہ مفید ہوتی ہے۔ پکانے سے معدنی اجزاء کی بڑی تعداد ضائع ہو جاتی ہے۔ سلاد میں گاجر ایک اہم اور قیمتی جزو ہے۔

٭ ٭ ٭

گاجر کے بے شمار فائدے

پروفیسر لطیف الرحمن

عربی: جزر

فارسی: زروک وگزر

سندھی: گجر

انگریزی: Carrot

گاجر ایک ایسی سبزی ہے جو پھلوں میں بھی شمار ہوتی ہے۔ گاجر پکانے، کچی کھانے اور اچار بنانے میں عام استعمال ہوتی ہے۔ آج کل اس کا جوس نکال کر پیا جاتا ہے۔ اس کی کانجی بھی بنائی جاتی ہے۔ جو کہ عام طور پر کالے رنگ کی گاجروں سے بنتی ہے۔ اس کی تین اقسام ہیں۔ سفید، سرک اور شربتی (کالا)۔ گاجر کا حلوا بھی بنایا جاتا ہے۔ اس کے اجزاء میں نشاستہ، فولاد، پروٹین، گلوکوز اور وٹامن اے، بی، ایچ اور ای شامل ہیں۔ اس کا مزاج گرم تر ہوتا ہے۔ کچھ اطباء نے اسے معتدل قرار دیا ہے لیکن گرم تر مزاج صحیح ہے۔ اس کی حسب ذیل خصوصیات اور فوائد ہیں۔

(۱) مفرح اور مقوی اعضائے رئیسہ ہے۔

(۲) گاجر جگر کے سدے کھولتی ہے اور جسم کو طاقت دینے میں لاثانی سبزی

ہے۔

(۳)مادہ تولید کو گاڑھا کرتی ہے اور اس سے پیشاب کھل کر آتا ہے۔

(۴)مثانہ و گردہ کی پتھری گاجر کے جوس سے ٹوٹ کر خارج ہو جاتی ہے۔

(۵) گاجر کا حلوا جسم کو طاقت دیتا ہے۔ دل کے امراض میں مفید ہے۔ روزانہ گاجر کے جوس کا ایک گلاس پینے سے دل کا عارضہ نہیں ہوتا۔

(٦) گاجر میں تمام سبزیوں سے زیادہ غذائیت ہوتی ہے۔

(۷) گاجر کھانے سے بینائی میں اضافہ ہوتا ہے۔

(۸) گاجر کا حلوہ کھانے سے قوت باہ میں اضافہ ہوتا ہے۔

(۹) گاجر کے بیج بھی بے حد مقوی اعصاب ہوتے ہیں اور مدر بول و حیض کے لئے اس کی خوراک ایک ماشہ سفوف ہمراہ پانی یا دودھ صبح نہار منہ لینی ہوتی ہے۔

(۱۰) گاجر کا مربہ سونے یا چاندی کے ورق کے ہمراہ کھانا، بے حد فرحت بخش اور مقوی ہوتا ہے۔

(۱۱) گاجر کے جوس کا ایک گلاس ہمراہ چند گری بادام ہر صبح پیا جائے تو بے حد طاقت دیتا ہے۔ اگر سردی زیادہ ہو تو تھوڑا گرم کر کے پیا جائے۔

(۱۲) اس سے کانجی بنائی جاتی ہے جو نمکین اور مزے دار مشروب ہے۔ کانجی بھوک بڑھاتی ہے اور گرمی کی شدت کو دور کرتی ہے اور کھانا ہضم کرتی ہے۔ یوں سمجھئے کہ گرمیوں کا بہترین تحفہ ہے۔ اگر میسر آ جائے تو۔

(۱۳) گاجر کا حلوہ عام طور پر زرد گلابی گاجروں سے بنایا جاتا ہے۔ یہ حلوہ ایک سے ڈیڑھ چھٹانک سے زیادہ نہیں کھانا چاہیئے۔ کیونکہ پھر وہ دوا نہیں رہتا اور غذا بن

جاتا ہے۔

(۱۴) گاجر کا حلوہ دماغی، جسمانی اور مردانہ طاقت کے لئے بے حد مفید ہوتا ہے۔

(۱۵) گاجر کا اچار بھی مرچ، نمک اور رائی ملا کر بنایا جاتا ہے۔ معدہ کو طاقت دیتا ہے اور جگر و تلی کے امراض دور کرنے میں بہترین ہوتا ہے۔ کھانا کھاتے وقت اس کا تھوڑا استعمال بہت مفید ہوتا ہے۔

(۱۶) گاجر کا مربہ دل، دماغ، اور قوت مردی کو طاقت دینے میں بے مثال ہے۔ جسمانی کمزوری کو دور کرتا ہے۔

(۱۷) اگر گاجر کے بیج ایک تولہ اور گڑ آدھ تولہ آدھ سیر پانی میں جوش دے کر بطور جوشاندہ حیض نہ آنے والی عورت کو پلائے جائیں تو عرصہ سے رکا ہوا حیض کھل جاتا ہے۔ دوران حیض درد کی صورت میں بھی یہ جوشاندہ بے حد مفید ہوتا ہے۔

(۱۸) جس عورت کو بچے کی پیدائش کے وقت تکلیف ہو رہی ہو اور بچہ پیدا نہ ہو رہا ہو۔ تو گاجر کے بیج کی دھونی اس طرح دیں کہ دھواں رحم کے اندر چلا جائے۔ آسانی سے بچہ پیدا ہو جائے گا۔

(۱۹) یرقان والوں کے لئے، گاجر کا جوس مصری ملا کر آدھا گلاس ایک ہفتہ تک پلانا یقیناً فائدہ دیتا ہے۔

(۲۰) گاجر جسم میں خون بڑھاتی ہے اور جسم میں طاقت پیدا کرتی ہے۔

(۲۱) گاجر چہرے کا رنگ نکھارتی ہے اور حسن پیدا کرتی ہیں۔

(۲۲) اس کے کھانے سے پیٹ کے کیڑے مر جاتے ہیں۔

(۲۳) پیشاب کی جلن اور سوزاک جیسے موذی مرض سے شفا ہوتی ہے۔

(۲۴) دودھ دینے والے مویشی گاجریں کھانے سے دودھ زیادہ دیتے ہیں۔

(۲۵) گاجریں جسم کے سدے کھولتی ہیں اور لاغری ختم کرتی ہیں۔

(۲۶) کھانسی اور سینے کے درد میں گاجر بہترین چیز ہے۔

(۲۷) گاجریں وہم کو دور کرتی ہیں۔ دماغی پریشانی ختم کرتی ہیں اور روح کو تازگی بخشتی ہیں۔

(۲۸) دل کے امراض اور خفقان کے لئے گاجر کو بھوبھل میں دبا کر نرم کیا جائے۔ اور پھر اسے چیر کر رات کو شبنم میں رکھ دیں اور صبح کو روح کیوڑہ اور چینی ملا کر کھائی جائے۔ بے حد مفید ہے۔

احتیاط

گاجر دیر ہضم ہے۔ پیٹ میں درد پیدا کرتی ہے۔ اسے ہمیشہ چینی نمک اور گرم مصالحہ لگا کر کھانا چاہیئے۔ اسے مناسب مقدار میں ہی کھانا چاہئیے۔ گاجر اور مولی وہ سبزیاں ہیں جسے کھانے سے پہلے دھولینا چاہیئے اور خشک کر کے کھانی چاہیئے ورنہ یہ کھانسی پیدا کر سکتی ہیں۔ مقدار سے زیادہ کھانے سے یہ پیٹ میں ہوا پیدا کرتی ہے۔

٭٭٭

گاجر دل اور ڈپریشن کا فوری علاج

ریحان

جگر اور دوسرے اعضاء کے لئے گاجر کھانے سے بہت سے فوائد حاصل ہوتے ہیں لیکن تجربات اور مشاہدات میں یہ بات بنتی ہے کہ گاجر دل کی دھڑکن کی اصلاح کرتی ہے۔ اطباء نے گاجر کا مزاج سرد تر لکھا ہے جبکہ وید اسے معتدل قرار دیتے ہیں۔ خزائین الادویہ میں حکیم نجم الغنی رقمطراز ہیں کہ گاجر لطافت پیدا کرتی ہے، جگر کا سدہ کھولتی ہے، معدے کو قوت دیتی ہے، اس سے پاخانہ کھل کر ہوتا ہے، بلغم کو نکالتی ہے، کھانسی اور سینے کے درد کو فائدہ دیتی ہے، اس سے پیشاب کھل کر ہوتا ہے، گردے اور مثانے کی پتھری ٹوٹ کر بہہ جاتی ہے۔ استسقاء کو نافع ہے۔ معدے اور جگر کو فائدہ بخشتی ہے۔ بدن کو فربہی دیتی ہے۔ بدن کو تیار کرتی ہے۔ اس کے ستو گرمی کے موسم میں پینے سے خشکی نہیں رہتی۔ پیاس بھی دبی رہتی ہے۔ اس کا پانی گرم خفقان میں بہت مفید ہے۔

گرمی کی وجہ سے دل کی دھڑکن زیادہ ہوتی ہو یا دل کمزور محسوس ہوتا ہو تو اس کے لئے گاجر کو حسب ذیل ترکیب سے کھانا بہت نافع ہے۔ ترکیب یہ ہے: گاجر کو بھوبھل یعنی گرم راکھ میں بھون لیں۔ جب وہ نرم ہو جائے تو اوپر کا چھلکا اور اندر کی

سفید رنگ کی سخت سی چیز جسے گاجر کی گٹھلی بھی لکھا ہے، دور کر دیں۔ باقی گاجر کو رات کو کھلے آسمان کے نیچے رکھ دیں۔ صبح کو نہار منہ تھوڑا سا عرق گلاب اور ذرا سی چینی ملا کر اسے کھالیں۔ اس سے گرمی کی وجہ سے ہونے والے خفقان یعنی دل کی دھڑکن کو فائدہ ہو جاتا ہے۔ اطباء نے بدبو دار زخموں کے لئے گاجر کو کمال استادی سے استعمال کیا ہے۔ اس سے زخموں کی عفونت دور ہو کر ان کی بو جاتی رہتی ہے۔ ترکیب یہ ہے کہ گاجر کو پیس کر پانی کے ساتھ جوش دیں، پھر اسے کپڑے پر پھیلا دیں اور زخم پر چسپاں کر دیں گاجر کا مربہ بھی بنایا جاتا ہے اور اس میں بہت فوائد ہیں۔

مربہ گاجر کے بارے میں اطباء نے لکھا ہے کہ یہ جلد ہضم ہو جاتا ہے۔ استسقاء کے مریضوں کو یہ مربہ کھانا چاہیے کیونکہ اس سے انہیں فائدہ پہنچتا ہے۔ بہتر ہے کہ اس کا استعمال ربیع اور خریف کے موسموں میں کیا جائے اور مربہ شہد میں بنایا جائے۔ گاجر کے پتوں کو کچل کر ضماد کرنے سے آکلہ جاتا رہتا ہے۔ اطباء کا قول ہے کہ بدن کو شلجم سے جتنی توانائی حاصل ہوتی ہے، اس قدر توانائی گاجر سے نہیں حاصل ہوتی۔ تمام اطباء گاجر کو سریع ہضم یعنی جلد ہضم ہونے والی بتاتے ہیں جبکہ شیخ الرئیس شیخ بو علی سینا اس قول کی مخالفت کرتے ہیں اور گاجر کو ثقیل دیر ہضم بتاتے ہیں البتہ ساتھ ہی یہ بھی کہتے ہیں کہ گاجر کا مربہ زود ہضم ہوتا ہے۔ کچی گاجر کو اگر زیادہ کھالیا جائے تو پیٹ پھول جاتا ہے۔ یہی وجہ ہے کہ اسے استسقاء کی دواؤں میں شامل نہیں کیا جاتا۔ اطباء نے لکھا ہے کہ اگر یہ پیٹ نہ پھلاتی تو اسے استسقاء کی دواؤں میں شامل کیا جاتا۔ اطباء گاجر کو گرم مزاج کے لوگوں کے لئے

مضر بتاتے ہیں اور سرد مزاج والوں کے لئے مفید بتاتے ہیں۔ ان کے نزدیک گرم مزاج والوں کو گاجر بغیر اصلاح کیے نہیں کھانی چاہیے۔

اطباء نے لکھا ہے کہ سرد مزاج والے کے پیٹ میں اگر رطوبت ہو تو گاجر کو گرم مصالحہ کے ساتھ کھانے سے فائدہ ہوتا ہے۔ اس طرح معدے میں موجود زائد رطوبت زائل ہو جاتی ہے اور معدہ کو فائدہ ہوتا ہے۔ معدہ قوی ہو جاتا ہے۔ اطباء کہتے ہیں کہ گاجر کو بکری کے گوشت میں پکا کر کھانے سے عمدہ خون بنتا ہے اور گاجر کو بکری کے گوشت میں پکا کر کھانے سے جو خلط بنتی ہے، وہ عمدہ ہوتی ہے اور بوڑھوں کے لئے مفید ہے۔ اگر کسی کے معدے میں بلغم کی وجہ سے کمزوری ہو تو گاجر کو بکری کے گوشت میں پکا کر کھانے سے فائدہ ہوتا ہے۔ گاجر کا ایک بہت بڑا فائدہ یہ بھی بیان کیا گیا ہے کہ یہ جگر اور تلی میں رکاوٹ کو دور کرتی ہے یعنی جگر اور تلی کا سدہ کھولتی ہے۔

گاجر کو نمک، سرکہ یا کانجی میں پکا کر کھانے سے دست آتے ہیں اور گردے میں گرمی پیدا ہوتی ہے۔ اس طرح سرکہ میں اگر گاجر کا اچار ڈالا جائے تو اس کے کھانے سے معدے کی کمزوری دور ہوتی ہے اور جگر کی سردی کو فائدہ ہوتا ہے۔ اطباء نے سرکہ میں پڑا ہوا گاجر کا اچار تلی کے ورم میں مفید لکھا ہے۔ ان کا کہنا ہے کہ اس طرح کا اچار تلی کے ورم کو تحلیل کرتا ہے۔ آیورریدک کے ماہر اطباء نے گاجر کو مشتہی لکھا ہے۔ اس سے ان کی مراد یہ ہے کہ یہ بھوک لگاتی ہے۔ ویدوں نے گاجر کو قابض لکھا ہے مگر ساتھ ہی اسے بواسیر اور سنگرہنی میں مفید بتایا ہے اور یہ بھی لکھا ہے کہ یہ باد کے فساد کو مٹاتی ہے یعنی بادی کو دور کرتی ہے اور بلغم کو قطع کرتی ہے۔

اطباء اور ویدوں نے گاجر کو مقوی لکھا ہے اور یہ بھی بیان کیا ہے کہ کچی گاجر کے کھانے سے پیٹ کے کیڑے مر جاتے ہیں۔ ویدوں نے بگڑے ہوئے زخموں پر گاجر کا لیپ لگانے کو مفید کہا ہے۔ وید اور اطباء کہتے ہیں کہ گاجر کھانے سے جسم فربہ اور تیار ہوتا ہے۔ اسی طرح گاجر کے حلوے کو بھی بدن کو فربہ کرنے والا اور وزن بڑھانے والا لکھا ہے۔ اگر ایسا صفر اوی ورم پیدا ہو جائے جس میں پھنسیاں ہوتی ہیں تو گاجر کچل کر نمک لگا کر لگانے سے ورم اتر جاتا ہے۔ کچی گاجر کو کچل کر پیس کر آگ سے جلے ہوئے مقام پر لیپ کرنے سے جلن کو فائدہ ہو جاتا ہے ویدوں کا قول ہے کہ اگر گاجر کے پتوں کے کا رس کپڑ اچھان کر دو تین بوندیں کان اور ناک میں ٹپکائیں تو چھینکیں آکر آدھے سر کے درد کو آرام آتا ہے۔

رس نکالنے کا طریقہ

ویدوں نے یہ لکھا ہے کہ گاجر کے پتوں پر گھی لگا کر گرم کر لیں، پھر دبا کر رس نکال کر کانوں اور ناک میں دو تین بوندیں ڈالیں۔ اس سے آدھے سیسی (درد شقیقہ) کو فائدہ ہوتا ہے۔ گاجر سے چہرے پر چمک اور سرخی آتی ہے۔ گاجر میں وٹامن (ج) بھی کافی مقدار میں ہوتا ہے جس کی جسم کو بڑی ضرورت ہوتی ہے۔ مقوی قلب ہونے کی وجہ سے اس کے استعمال سے اداسی و مایوسی چھٹتی ہے۔ طبیعت میں جولانی اور تفریح پیدا کرتی ہے۔ اطباء نے اس کا جوس اس مقصد کے لئے کشید کیا تھا جو اگرچہ طبیعت کو خوش کرنے میں مشہور تھا مگر اطباء اس سے گویا وہ کام لیتے تھے جو آج مسکن ادویات سے لیا جاتا ہے۔

چنانچہ ڈپریشن کے لئے اس کا چابکدستی سے استعمال اچھے نتائج پیدا کرتا تھا اور

مریض خودکشی کے رجحانات کو یکسر فراموش کر دیتا تھا۔ گاجر کا استعمال پیشاب کی جلن کو نافع ہے۔ گرمی کے دنوں میں پیشاب میں جلن اکثر ہو جاتی ہے۔ ایسے میں گاجر کا عرق مفید ہیں۔ پیشاب میں گرمی یا گرم امراض کی وجہ سے جب بھی گرمی ہو تو گاجر کا استعمال فائدہ کرتا ہے۔ چونکہ گاجر خون میں موجود چربی کو کم کرتی ہے، جسم کی حدت کو مٹاتی، جگر کے فعل کو اعتدال پر لاتی ہے، پیشاب آور ہے، جسم سے صفراء کو خارج کرتی ہے اس لیے یہ ہائی بلڈ پریشر میں مفید سمجھی جاتی ہے۔ گاجر گردوں کو فربہ کرتی ہے، اسی لیے گاجر کا بیج گردوں کی دواؤں کے نسخوں میں موجود ہوتا ہے۔ گاجر کے بیج میں دوائیت کے غذائیت بھی ہے۔ چنانچہ اسے ثعلب مصری کے ساتھ ملا کر دودھ سے کھلاتے ہیں جس سے دبلا پن جاتا رہتا ہے۔ جسم فربہ ہوتا ہے۔

* * *

گاجر کے غذائی اور دوائی فوائد

دلدار خان

گاجر کا مربہ دل، دماغ اور قوت مردی کو طاقت دینے میں بے مثال ہے۔ جسمانی کمزوری کو دور کرتا ہے۔ * اگر گاجر کے بیج ایک تولہ اور گڑ آدھ تولہ آدھ سیر پانی میں جوش دے کر بطور جوشاندہ حیض نہ آنے والی عورت کو پلائے جائیں تو عرصہ سے رکا ہوا حیض کھل جاتا ہے

گاجر ایک ایسی سبزی ہے جو پھلوں میں بھی شمار ہوتی ہے۔ گاجر پکانے، کچی کھانے اور اچار بنانے میں عام استعمال ہوتی ہے۔ آج کل اس کا جوس نکال کر پیا جاتا ہے۔ اس کی کانجی بھی بنائی جاتی ہے جو کہ عام طور پر کالے رنگ کی گاجروں سے بنتی ہے۔ اس کی تین اقسام ہے۔ سفید، سرخ، اور شربتی (کالا) گاجر کا حلوہ بھی بنایا جاتا ہے۔

اس کی حسب ذیل خصوصیات اور فوائد ہیں۔

* مفرح اور مقوی اعضائے رئیسہ ہے۔

* گاجر جگر کے سدے کھولتی ہے اور جسم کو طاقت دینے میں لاثانی سبزی ہے۔

* مادہ تولید کو گاڑھا کرتی ہے اور اس سے پیشاب کھل کر آتا ہے۔
* مثانہ و گردہ کی پتھری گاجر کے جوس سے ٹوٹ کر خارج ہو جاتی ہے۔
* گاجر کا حلوہ جسم کو طاقت دیتا ہے دل کے امراض میں مفید ہے، روزانہ گاجر کے جوس کا ایک گلاس پینے سے دل کا عارضہ نہیں ہوتا۔
* گاجر میں تمام سبزیوں سے زیادہ غذائیت ہوتی ہے۔
* کچی گاجر کھانے سے بینائی میں اضافہ ہوتا ہے۔
* گاجر کا حلوہ کھانے سے قوت باہ میں اضافہ ہوتا ہے اور منی گاڑھی ہوتی ہے۔
* گاجر غریب کا سیب ہے۔
* گاجر کے بیج بھی بے حد مقوی اعصاب ہوتے ہیں اور مدر بول و حیض کے لئے اس کی خوراک ایک ماشہ سفوف ہمراہ پانی یا دودھ صبح نہار منہ لینی ہوتی ہے۔
* گاجر کا مربہ سونے یا چاندی کے ورق کے ہمراہ کھانے سے بے حد فرحت بخش اور مقوی ہوتا ہے۔
* گاجر کے جوس کا ایک گلاس ہمراہ چند گری بادام ہر صبح پیا جائے تو بے حد طاقت دیتا ہے اگر سردی زیادہ ہو تو تھوڑا گرم کرکے پیا جائے۔
* اس سے کانجی بنائی جاتی ہے جو نمکین اور مزیدار مشروب ہے۔ کانجی بھوک بڑھاتی ہے اور گرمی کی شدت کو دور کرتی ہے اور کھانا ہضم کرتی ہے۔ یوں سمجھیے کہ گرمیوں کا بہترین تحفہ ہے اگر میسر آجائے تو.....
* گاجر کا حلوہ عام طور پر زرد گلابی گاجروں سے بنایا جاتا ہے۔ یہ حلوہ ایک سے

ڈیڑھ چھٹانک سے زیادہ نہیں کھانا چاہیے کیونکہ پھر وہ دوا نہیں رہتا اور غذا بن جاتا ہے۔

٭ گاجر کا حلوہ اگر بعد از جماع کھایا جائے تو جماع کی کمزوری کو دور کرتا ہے۔

٭ گاجر کا حلوہ دماغی، جسمانی اور مردانہ طاقت کے لئے بے حد مفید ہوتا ہے۔

٭ گاجر کا اچار بھی مرچ، نمک اور رائی ملا کر بنایا جاتا ہے۔ معدہ کو طاقت دیتا ہے اور جگر و تلی کے امراض دور کرنے میں بہترین ہوتا ہے۔ کھانا کھاتے وقت اس کا تھوڑا استعمال بہت مفید ہے۔

٭ گاجر کا مربہ دل، دماغ اور قوت مردی کو طاقت دینے میں بے مثال ہے۔ جسمانی کمزوری کو دور کرتا ہے۔

٭ اگر گاجر کے بیج ایک تولہ اور گڑ آدھ تولہ آدھ سیر پانی میں جوش دے کر بطور جوشاندہ حیض نہ آنے والی عورت کو پلائے جائیں تو عرصہ سے رکا ہوا حیض کھل جاتا ہے دوران حیض درد کی صورت میں بھی یہ جوشاندہ بے حد مفید ہوتا ہے۔

٭ جس عورت کو بچے کی پیدائش کے وقت تکلیف ہو رہی ہو اور بچہ پیدا نہ ہو رہا ہو تو گاجر کے بیج کی دھونی اس طرح دیں کہ دھواں رحم کے اندر چلا جائے۔ آسانی سے بچہ پیدا ہو جائے گا۔

٭ یرقان والوں کے لئے گاجر کا جوس مصری ملا کر آدھا گلاس ایک ہفتہ تک پلانا یقیناً فائدہ دیتا ہے۔

٭ گاجر جسم میں خون بڑھاتی ہے اور جسم میں طاقت پیدا کرتی ہے۔

٭ گاجر چہرے کا رنگ نکھارتی ہے اور حسن پیدا کرتی ہے۔

* اس کے کھانے سے پیٹ کے کیڑے مر جاتے ہیں۔
* پیشاب کی جلن اور سوزاک جیسے موذی مرض سے شفاء ہوتی ہے۔
* دودھ دینے والے مویشی گاجریں کھانے سے دودھ زیادہ دیتے ہیں۔
* کھانسی اور سینے کے درد میں گاجر بہترین چیز ہے۔ بس ایسی صورت میں سالن بنا کر کھانی چاہیے۔
* دل کے امراض اور خفقان کے لئے گاجر کو بھوبھل میں دبا کر نرم کیا جائے اور پھر اسے چیر کر رات کو شبنم میں رکھ دیں اور صبح کو روح کیوڑہ اور چینی ملا کر کھلائی جائے۔ بے حد مفید ہے۔
* گاجر دیر ہضم ہے۔

احتیاط

پیٹ میں درد پیدا کرتی ہے۔ اسے ہمیشہ چینی، نمک اور گرم مصالحہ لگا کر کھانا چاہیے۔ اسے مناسب مقدار میں ہی کھانا چاہیے۔ گاجر اور مولی وہ سبزیاں ہیں جسے کھانے سے پہلے دھو لینا چاہیے اور خشک کر کے کھانی چاہیے ورنہ یہ کھانسی پیدا کر سکتی ہیں۔ مقدار سے زیادہ کھانے سے یہ پیٹ میں ہوا پیدا کرتی ہے۔

* * *

گاجر کو استعمال کیوں کرنا چاہیئے: اس کے پانچ فوائد
سعید اقبال

گاجر کوئی عام سبزی نہیں ہے بلکہ اس کے اندر بہت سی طبی خصوصیات موجود ہوتی ہیں۔ اس سبزی کو زیادہ تر سلاد کے طور پر استعمال کیا جاتا ہے جب کہ کچھ علاقوں میں اسے پکایا بھی جاتا ہے۔ اس کے علاوہ گاجر کا جوس بھی بنایا جاتا ہے جو کہ نہایت ذائقہ دار ہوتا ہے۔

آج کے دور میں گاجر کو تقریباً دنیا کے ہر ملک میں کاشت کیا جاتا ہے، لیکن ہزاروں سال پہلے اس کو صرف افغانستان میں کاشت کیا جاتا تھا۔ پہلے گاجر کا سائز نہایت چھوٹا ہوتا تھا اور اس کی رنگت بھی پیلی اور جامنی ہوتی تھی۔ اس کے علاوہ گاجر کا ذائقہ بھی نہایت کڑوا ہوتا تھا۔ مگر وقت گزرنے کے ساتھ اور سائنس میں جدت آنے سے نہ صرف گاجر دنیا بھر کے ممالک میں کاشت کی جانے لگی بلکہ اس کا ذائقہ بھی بتدریج بہتر ہوتا گیا۔

عام طور پر گاجر سردی کے موسم میں دستیاب ہوتی ہے، لیکن اس کے طبی فوائد کی وجہ سے اس محفوظ بھی کر لیا جاتا ہے تا کہ اسے سارا سال استعمال کیا جا سکے۔ کچھ ممالک میں گاجر کو سارا سال استعمال کرنے کے لیے اس کا اچار بھی ڈالا

جاتا ہے جو کہ بہت لذیذ ہوتا ہے۔

گاجر کو باقاعدگی کے ساتھ استعمال کرنے سے ہماری صحت پر نہایت اچھے اثرات مرتب ہوتے ہیں کیوں کہ یہ بہت سے وٹامنز، منرلز، اور غذائی فائبر سے بھرپور ہوتی ہے۔ اس کے علاوہ گاجر میں اینٹی آکسیڈنٹس بھی وافر مقدار میں پائے جاتے ہیں۔ جب کہ گاجر میں پروٹین اور فیٹ نہایت تھوڑی مقدار میں پائے جاتے ہیں۔

ایک عام اندازنے کے مطابق دو درمیانے سائز کی گاجروں میں اکیالیس کیلوریز، اٹھاسی فیصد پانی، اور پانچ گرام شوگر پائی جاتی ہے۔

گاجر کے فوائد

گاجر کو اگر ہر روز استعمال کیا جائے تو بہت سارے طبی فوائد حاصل کیے جاسکتے ہیں، یہ فوائد مندرجہ ذیل ہوسکتے ہیں

چھاتی کے سرطان سے حفاظت

گاجروں میں کیروٹینائڈز نامی اینٹی آکسیڈنٹس وافر مقدار میں پائے جاتے ہیں جو کہ جسم کو بہت سی بیماریوں سے بچانے میں مدد فراہم کرتے ہیں۔ اگر گاجروں سے کیروٹینائڈز باقاعدگی کے ساتھ حاصل کیا جاتا رہے تو چھاتی کے کینسر کے دوبارہ لوٹنے لے خطرات میں واضح کمی واقع ہوتی ہے۔

طبی ماہرین کے مطابق خون میں کیروٹینائڈز کی مقدار جتنی زیادہ ہو گی چھاتی کے کینسر کے خطرات میں اتنی ہی کمی ہو گی۔ اس کے علاوہ طبی تحقیقات کے مطابق

بھی گاجر کا استعمال کینسر سے بچاؤ میں اہم کردار ادا کرتا ہے۔ ایک طبی تحقیق کے مطابق کچھ خواتین کو تین ہفتوں تک ہر روز آٹھ اونس گاجر کا جوس پلایا گیا۔ تین ہفتوں بعد جب ان خواتین کے خون کا مطالعہ کیا گیا تو یہ بات سامنے آئی کہ ان خواتین کے خون میں کیروٹینائڈز کی مقدار کافی زیادہ تھی، دوسری خواتین کے برعکس ان خواتین میں آکسی ڈیٹو دباؤ کی علامات بھی کم تھیں جو کہ کینسر کی وجہ بن سکتی تھیں۔

آنکھوں کی صحت میں بہتری

آپ نے یہ کہاوت ضرور سنی ہوگی کہ اندھیرے میں دیکھنے کے لیے دن میں گاجریں ضرور استعمال کرنی چاہئیں۔ لیکن کیا اس کہاوت کا حقیقت سے کوئی تعلق ہے؟ کیا گاجروں کے استعمال سے واقعی ہی آنکھوں کی صحت می بہتری آتی ہے؟

ان سوالات کے جوابات یقیناً ہاں میں ہیں۔ کیوں کہ گاجروں میں وٹامن اے کافی مقدار میں پایا جاتا ہے جو کہ آنکھوں کی صحت کے لیے مفید تصور کیا جاتا ہے۔ اگر جسم میں وٹامن اے کی کمی واقع ہو جائے تو آنکھوں کی بینائی متاثر ہوتی ہے اور اگر جسم میں وٹامن اے کی سطح خطرناک حد تک کم ہو جائے تو بینائی بہت کم ہو جاتی ہے اور بعض اوقات رات کو اندھے پن کا سامنا بھی کرنا پڑتا ہے۔

اس کے ساتھ ساتھ ایورکیئر ہسپتال سے تعلق رکھنے والے ڈاکٹرز کے مطابق گاجر کا شمار ان سبزیوں میں کیا جاتا ہے جن میں بیٹا کیروٹین کی بڑی مقدار میں پایا جاتا ہے۔ بیٹا کیروٹین آنکھوں کو صحت مند رکھنے کے لیے جسم میں بہت اہم کردار

ادا کرتا ہے۔ یہ آنکھوں کو تیز روشنی اور خاص طور پر سورج کی روشنی جذب کرنے میں مدد فراہم کرتا ہے اور انہیں سورج کی نقصان دہ شعاؤں سے بچاتا بھی ہے۔

ہائی بلڈ پریشر کا علاج

گاجر اور اس کے جوس کو ہائی بلڈ پریشر کا بھی بہترین علاج تصور کیا جاتا ہے کیوں کہ اس سبزی میں پوٹاشیم اور فائبر کافی مقدار میں پائے جاتے ہیں جو کہ ہائی بلڈ پریشر کو کم کرنے میں مدد فراہم کرتے ہیں۔

طبی ماہرین کے مطابق گاجر کا استعمال دل کے مریضوں کے لیے بھی نہایت مفید ثابت ہوتا ہے کیوں کہ اس میں موجود پوٹاشیم دل کو خون پہنچانے والی رگوں کو سکون پہنچاتی ہے اور انہیں طبی مسائل نہیں لاحق ہونے دیتی۔ ایک طبی تحقیق کے مطابق قدرتی چیزوں سے اگر زیادہ مقدار میں فائبر حاصل کیا جائے تو دل کی بیماریوں کے خطرات کم ہو جاتے ہیں اور خون میں موجود نقصان دہ کولیسٹرول میں بھی واضح کمی آتی ہے۔

قوتِ مدافعت میں بہتری

گاجر میں وافر مقدار میں اینٹی آکسیڈنٹس خصوصیات پائی جاتی ہیں اور خاص طور پر یہ وٹامن سی نامی اینٹی آکسیڈنٹ سے بھرپور ہوتی ہے۔ وٹامن سی نہ صرف انسانی جسم کو مختلف بیماریوں سے بچاؤ میں مدد فراہم کرتا ہے بلکہ ہماری قوت مدافعت کو بہتر بنانے میں بھی اہم کردار ادا کرتا ہے۔

قوت مدافعت میں اضافہ ہونے سے ہم بہت سی بیماریوں سے محفوظ ہو جاتے

ہیں۔ اس کے علاوہ گاجر کے استعمال سے جِلد میں کولاجین کی پیداوار میں بھی اضافہ ہوتا ہے جو کہ زخموں کو جلدی بھرنے میں مدد فراہم کرتا ہے۔

ہڈیوں کی مضبوطی میں اضافہ

اس سبزی میں وٹامن کے اور کیلشیم بھی پائے جاتے ہیں جو کہ ہڈیوں کو مضبوط بنانے میں اہم کردار ادا کرتے ہیں۔ اس کے علاوہ گاجر میں فاسفورس بھی پائی جاتی ہے جو کہ ہڈیوں کی صحت میں بہتری لانے کے لیے مفید سمجھی جاتی ہے۔

گاجر کے مزید فوائد کے متعلق معلومات حاصل کرنے کے لیے کسی بھی ماہرِ غذائیت کے ساتھ رابطہ کیا جا سکتا ہے، آسانی کے ساتھ کسی بھی ماہرِ غذائیت سے رابطہ کرنے کے لیے ہیلتھ وائر کا پلیٹ فارم استعمال کیا جا سکتا ہے، کیوں کہ ہیلتھ وائر نے رابطوں کو بہت آسان بنا دیا ہے۔

کیا گاجر کو کھانا صحت کے لیے فائدہ مند ہے؟

کہا جاتا ہے کہ گاجریں آنکھوں کی بنیائی کو درست رکھنے میں مددگار ثابت ہوتی ہیں مگر کیا یہ واقعی درست ہے؟

گاجر ایسی سبزی ہے جس کو مختلف شکلوں میں کھایا جاتا ہے اور ہزاروں برسوں سے اس کی کاشت ہو رہی ہے۔

دنیا کے مختلف حصوں میں یہ مختلف رنگوں میں دستیاب ہوتی ہے مگر نارنجی رنگ کی گاجر ہی سب سے زیادہ عام ہے، جس کے بارے میں خیال کیا جاتا ہے کہ اسے ۱۶ ویں صدی میں ڈچ کاشتکاروں نے اگانا شروع کیا تھا۔

ویسے اس موسم میں عام دستیاب اس سبزی کو کھانا عادت بنانا کس حد تک فائدہ مند ہے؟ یہ آپ درج ذیل میں جان سکتے ہیں۔

مگر یہ جان لیں کہ گاجر وٹامنز، منرلز اور فائبر سے بھرپور ہوتی ہیں اور اینٹی آکسائیڈنٹس کے حصول کا اچھا ذریعہ بھی ہیں۔

بینائی

کہا جاتا ہے کہ گاجریں آپ کو اندھیرے میں دیکھنے میں مدد فراہم کرتی ہیں تو کیا واقعی ایسا ہوتا ہے؟ کسی حد تک ہاں۔

گاجروں میں وٹامن سی ہوتا ہے اور جسم میں وٹامن اے کی کمی رات کے اندھے پن یا کم رشنی میں دیکھنے میں مشکلات کا باعث بننے والی بیماری کا خطرہ بڑھاتی ہے۔

تو اس طرح کہا جا سکتا ہے کہ گاجر واقعی اندھیرے میں دیکھنے میں مددگار ہے مگر بیشتر افراد کی بینائی میں اسے کھانے سے بہتری آنے کا امکان نہیں ہوتا، ماسوائے اس صورت میں جب ان میں وٹامن اے کی کمی ہو۔

اس سبزی میں لیوٹین اور zeaxanthin جیسے اینٹی آکسائیڈنٹس بھی ہیں اور ان دونوں کا امتزاج عمر بڑھنے کے ساتھ بینائی میں آنے والی تنزلی کی روک تھام میں مددگار ثابت ہو سکتے ہیں۔

کینسر

جسم میں فری ریڈیکلز کی زیادہ تعداد سے مختلف اقسام کے کینسر کا خطرہ بڑھتا

ہے۔

گاجروں میں موجود غذائی کیروٹینز جیسے اینٹی آکسائیڈنٹ سے یہ خطرہ کم کیا جاسکتا ہے۔

ایک گاجر میں ۵۰۹ مائیکرو گرام وٹامن اے، ۵۰۵۰ مائیکرو گرام بیٹا کیروٹین اور ۲۱۲۰ مائیکرو گرام ایلفا کیروٹین ہوتی ہے، یہ دونوں پرو وٹامن اے اینٹی آکسائیڈنٹس ہیں جو جسم میں جاکر وٹامن اے میں بدل جاتے ہیں۔

ایک تحقیق میں عندیہ دیا گیا کہ کیروٹین سے بھرپور غذا مثانے کے کینسر کا خطرہ کم کرتی ہے جبکہ ایک تحقیق میں دریافت کیا گیا کہ گاجر کا جوس پینا پھیپھڑوں کے کینسر کا خطرہ کم کرسکتا ہے۔

نظام ہاضمہ

ایک درمیانی گاجر میں ۱.۷ گرام فائبر ہوتا ہے جو روزانہ کے لیے درکار مقدار کا ۵ سے ۷ فیصد حصہ ہوتا ہے (اس کا انحصار عمر اور جنس پر ہوتا ہے)۔

زیادہ فائبر والی غذائیں معدے کی صحت کے لیے فائدہ مند ہوتی ہیں اور قبض کی روک تھام بھی کرتی ہیں۔

ذیابیطس

ایک گاجر کا ۱۰ فیصد حصہ کاربوہائیڈریٹس پر مشتمل ہوتا ہے اور ۳۰ فیصد کاربوئیڈریٹس مواد فائبر پر مشتمل ہوتا ہے جبکہ ایک گاجر میں ۲۵ کیلوریز ہوتی ہیں۔

مجموعی طور پر گاجر ایک کم کیلوریز اور زیادہ فائبر والی غذا ہے جس میں قدرتی مٹھاس کم ہوتی ہے، یہی وجہ ہے کہ اسے ذیابیطس کے مریضوں کے لیے اچھا سمجھا جاتا ہے کیونکہ اسے کھانے سے بلڈ شوگر لیول بڑھنا کے امکان کم ہوتا ہے۔

ابلی ہوئی گاجر سے بلڈ شوگر بڑھنے کا امکان نہیں ہوتا اور ذیابیطس کے مریضوں کے لیے مفید ہوتی ہے۔

۲۰۱۸ کی ایک تحقیق میں بتایا گیا تھا کہ زیادہ فائبر والی غذا اسے ذیابیطس ٹائپ ٹو کا شکار ہونے سے مدد مل سکتی ہے جبکہ ذیابیطس کے مریض اپنے بلڈ شوگر لیول کو مستحکم رکھ سکتے ہیں۔

بلڈ پریشر اور دل کی شریانوں کی صحت

گاجر میں موجود فائبر اور پوٹاشیم بلڈ پریشر کو کنٹرول میں رکھنے میں مددگار ثابت ہوسکتے ہیں۔

امریکن ہارٹ ایسوسی ایشن کی جانب سے لوگوں میں کم نمک کے استعمال کی حوصلہ افزائی کی جاتی ہے جبکہ پوٹاشیم والی غذا جیسے گاجر کے زیادہ استعمال کا مشورہ دیا جاتا ہے۔

پوٹاشیم خون کی شریانوں کو پرسکون رکھنے میں مدد فراہم کرنے والا جز ہے جس سے ہائی بلڈ پریشر اور دل کی شریانوں سے جڑے دیگر مسائل کا خطرہ کم ہوتا ہے۔

ایک گاجر سے لوگوں کو پوٹاشیم کی روزانہ درکار مقدار کا ۴ فیصد حصہ ملتا ہے۔

۲۰۱۷ کی ایک تحقیق میں بتایا گیا تھا کہ زیادہ فائبر والی غذا کا استعمال کرنے سے لوگوں میں دل کی شریانوں سے جڑے امراض کا خطرہ کم ہوتا ہے جبکہ زیادہ فائبر سے نقصان دہ کولیسٹرول کی سطح بھی کم ہوتی ہے۔

مدافعتی افعال

گاجر میں ایک اور اینٹی آکسائیڈنٹ وٹامن سی ہے۔

وٹامن سی کولیگن بننے کے عمل میں کردار ادا کرتا ہے، کولیگن ٹشوز کے جوڑ اور زخموں کے بھرنے کے لیے اہم جز ہے جبکہ جسم کو صحت مند رکھتا ہے۔

یہ وٹامن مدافعتی خلیات میں بھی پایا جاتا ہے جو جسم کو امراض سے لڑنے میں مدد فراہم کرتا ہے۔

صحت مند مدافعتی نظام مختلف امراض سے بچاتا ہے۔

جب کوئی فرد بیمار ہوتا ہے تو مدافعتی نظام کو زیادہ کام کرنا پڑتا ہے اور اس کے نتیجے میں وٹامن سی کی سطح میں کمی آتی ہے۔

کچھ ماہرین کا ماننا ہے کہ اضافی وٹامن سی سے دباؤ کے شکار مدافعتی افعال کو بہتر بنایا جا سکتا ہے، مثال کے طور پر اس سے نزلہ زکام کی شدت اور دورانیے میں معمولی کمی لائی جا سکتی ہے۔

ہڈیوں کی صحت

گاجروں میں وٹامن کے اور کچھ مقدار میں کیلشیئم بھی ہوتا ہے، یہ دونوں ہی ہڈیوں کی صحت میں کردار ادا کرتے ہیں اور بھر بھرے پن سے بچاتے ہیں۔

کچی یا پکی ہوئی کونسی شکل بہتر؟

گاجر کو کچا بھی کھایا جاتا ہے، ابال کر، بھون کر یا سالن یا کھانے میں ڈال کر بھی۔

ابلی ہوئی سبزیوں میں سے وٹامنز کی کچھ مقدار کم ہو جاتی ہے، تو کچی شکل میں گاجر غذائی اجزا کے حصول کا زیادہ اچھا ذریعہ ہے۔

اسی طرح اگر گاجروں کو گریاں یا بیجوں کے ساتھ کھایا جائے تو اس میں موجود کیروٹینز اور وٹامن اے زیادہ بہتر طریقے سے جذب ہوتے ہیں۔

٭ ٭ ٭

گاجر کے غذائی اور طبی فوائد

حریم نیازی

گاجر پھل ہے یا سبزی؟ جب مارکیٹ سے گاجریں لینے جائیں تو یہ ہمیں سبزی کے خانوں میں ہی ملتی ہیں۔ لیکن پھر اس کی مٹھاس دیکھ کر خیال آتا ہے کہ یہ پھل کا پھل اور سبزی کی سبزی ہے۔ یہ کچی کھائیں، سلاد بنائیں، پکائیں یا جوس پئیں اس کا فائدہ ہی فائدہ ہے۔ اور تو اور مربہ اور اچار بنا کر شوق سے استعمال کرتے ہیں۔ علاوہ ازیں اس کا استعمال فیس ماسک بنانے میں بھی کیا جاتا ہے۔ غرض یہ کہ گاجر غذائی افادیت اور لاتعداد بیماریوں کا علاج اس سبزی میں پوشیدہ ہے۔

ایک زرعی نمائش میں ایک دفعہ جب میں نے زرعی اجناس کے ایک اسٹال پر سبھی انواع واقسام کی سبزیاں اور پھلوں کی طرف اشارہ کرتے ہوئے وہاں پر کھڑے ایک زرعی ماہر سے یہ دریافت کیا کہ ان سب پھلوں اور سبزیوں میں کسی ایسے پھل یا سبزی کی نشان دہی کریں جو غذائیت سے مالا مال ہو۔ تو اُس نے برق رفتاری سے ایک گاجر اٹھائی اور کہا یہ ایک ایسی سبزی ہے، جس میں کسی بھی پھل یا سبزی سے زیادہ غذائی اجزاء ہوتے ہیں۔

اس میں وٹامن اے، بی، سی، ڈی، ای اور کے سمیت پروٹین، پوٹاشیم، کیلشیم

، آئرن، کاپر اور دیگر اجزا پائے جاتے ہیں۔ اس کے بارے میں جدید تحقیق سے یہ معلوم ہوا کہ ایک کپ پکی ہوئی گاجر میں ۷۰ کیلوریز اور ۴ گرام فائبر ہوتا ہے۔ ایک کپ گاجر مسلسل تین ہفتے کھانے سے ۱۱ فی صد تک کولیسٹرول کم کیا جا سکتا ہے۔ ایک گاجر میں وٹامن اے کی مقدار ایک انسان کی دن بھر کی ضرورت سے کہیں زیادہ ہوتی ہے۔

اس میں موجود بیٹا کیروٹین شوگر لیول کو اعتدال میں رکھنے میں مددگار ثابت ہوتا ہے۔ اس کا با قاعدہ استعمال کینسر کے خطرات بالخصوص پھیپھڑوں کے کینسر کو کم کرتا ہے۔ اس کا استعمال رات کے اندھے پن (Night blindness) کو روکتا ہے۔ کچی گاجر کی غذائیت پکی گاجر کی نسبت زیادہ ہوتی ہے۔ ابلی ہوئی گاجر کی نسبت ہلکے تیل میں پکی ہوئی گاجر زیادہ فائدہ مند ہوتی ہے۔ لیکن اس کا ضرورت سے زیادہ استعمال بھی جلد میں پیلاہٹ پیدا کر دیتا ہے۔

غذائی افادیت

گاجر میں چوں کہ غذائی اعتبار سے ان گنت فوائد پوشیدہ ہیں اور یہ وٹامن اے کا ایک بہت بڑا ذریعہ بھی ہے۔ اسی لیے اس میں شامل کیروٹین جو دراصل لفظ کیرٹ سے ماخذ ہے۔ کیروٹین دراصل وٹامن کی ابتدائی شکل کو کہتے ہیں۔ یہ انسانی جسم میں جا کر جگر کی مدد سے وٹامن اے بناتے ہیں۔ گاجر بچوں، بڑوں سب کے لئے سود مند ہے۔ اس کا جوس اپنے اندر صحت کا خزانہ لیے ہوئے ہے، اسی لیے شاید اسے کرشماتی مشروب کہتے ہیں۔ گاجر کا جوس پینے سے جگر میں موجود زہریلے

مواد ختم ہو جاتے ہیں۔

اس میں وٹامن کے اور وٹامن ڈی کیلشیم کے ساتھ مل کر ہڈیوں کو مضبوط بناتے ہیں۔ اس میں چوں کہ آئرن کی وافر مقدار پائی جاتی ہے، اس لیے اس کے مسلسل استعمال سے خون کی کمی کو احسن طریقے سے پورا کیا جا سکتا ہے۔ گاجر میں چوں کہ بے شمار وٹامنز، منرلز، غذائی فائبر اور اینٹی آکسیڈنٹس پائے جاتے ہیں، جس کے سبب یہ ہمارے جسم کے سیلز کو خراب ہونے سے بچاتے ہیں، غرض یہ کہ گاجر میں بے شمار امراض کا علاج پوشیدہ ہے۔ یہ قوت مدافعت بڑھاتی ہے۔ خون میں موجود سفید خلیوں کی مقدار میں اضافہ بھی ہوتا ہے۔

معدے کے امراض کا علاج

گاجر کھانے سے معدے میں ایسی رطوبتیں بننا شروع ہو جاتی ہیں، جس سے نظام انہضام بہتر اور غذا جلد ہضم ہوتی ہے۔ گاجر کا متواتر استعمال معدے کے السر سے بھی محفوظ رکھتا ہے، اس میں چوں کہ فائبر کی وافر مقدار موجود ہوتی ہے، جس کے سبب یہ قبض سے بھی محفوظ رکھتا ہے۔

امراض قلب سے بچاو

کولیسٹرول دل کے مریضوں کے لیے سب سے بڑا خطرہ مانا جاتا ہے۔ ایک تحقیق کے مطابق گاجر خون میں کولیسٹرول کو کم کرتی ہے، جس کی وجہ سے اسے کھانے والے دل کی بیماریوں سے محفوظ رہتے ہیں۔ ایک تحقیق کے مطابق گاجریں کھانے والے لوگوں میں نہ کھانے والے لوگوں کی نسبت دل کے دورے کا امکان

۲۳فی صد کم پایا گیا۔

جلد کی حفاظت

گاجر میں موجود آکسیڈنٹس اور وٹامن اے سورج کی شعاعوں کے اثرات سے جلد کی حفاظت کرنے کی بہتر صلاحیت رکھتے ہیں، جس سے چہرے کی جھریاں، چھائیاں اور دھبے ختم ہوتے ہیں، نیز اس کا مسلسل استعمال جلد کی رنگت کو نکھارتا ہے۔

دانتوں کا موثر علاج

گاجر چوں کہ ایک ریشہ دار سبزی ہے اس لیے اسے چبا کر کھانے سے منھ میں جو لعاب بنتا ہے، اس کے سبب دانت کیڑا لگنے سے محفوظ رہتے ہیں۔ اس کا متواتر استعمال دانتوں کو صاف کرتا ہے۔ یہ دانتوں کو قوت دے کر توڑ پھوڑ سے محفوظ رکھتی ہے۔

بینائی کا علاج

گاجر میں چوں کہ بیٹا کیروٹین کی وافر مقدار موجود ہوتی ہے، جو دراصل وٹامن اے کی ابتدائی شکل ہوتی ہے اور جگر کی مدد سے وٹامن اے میں تبدیل ہو جاتی ہے۔ لہٰذا وٹامن اے ہماری آنکھوں کے پٹھوں کو مضبوط بناتا ہے اور بیٹا کیروٹین کی فراوانی کی وجہ سے آنکھوں کی دیگر بیماریوں، مثلاً موتیا اور رات کا اندھا پن یعنی نائٹ بلائنڈنیس Night blindness سے موثر تحفظ ملتا ہے۔

کینسر سے تحفظ

گاجر کو غذا کا حصہ بنانا انتہائی سود مند ہے، اس کا استعمال بڑی آنت، پھیپھڑوں اور چھاتی کے کینسر سے محفوظ رکھتا ہے، اس کا تازہ جوس پینا بے حد مفید ہے۔ یہ کینسر پیدا کرنے والے خلیات کی روک تھام کرتا ہے۔ چوں کہ فائبر کثرت سے اور کیلوریز کی مقدار نسبتاً کم ہوتی ہے اس لیے یہ وزن کو بڑھنے سے روکتی ہے۔

* * *

گاجر کا جوس کینسر کے مریض کے لیے مفید

سید قیصر

موسم سرما میں گاجریں بازار میں عام دستیاب ہیں اور اگر اس موسم میں گاجر کھانے فوائد سے کوئی واقف ہو جائے تو ہر فرد یومیہ بنیادوں پر اسے خریدنا پسند کرے گا۔ گاجر نہ صرف حلوہ، گجریلا بلکہ سلاد اور سالن کے طور پر بھی استعمال کی جاتی ہے، اس کے استعمال کا ایک اور طریقہ اس کا جوس پینا بھی ہے۔

قدرت نے بینائی دور کرنے والی اس انمول سبزی میں بے شمار فائدے رکھے ہیں، گاجر وٹامنز، غذائی فائبر اور اینٹی آکسیڈینٹ کی خوبیوں کی حامل سبزی ہے۔

دلچسپ بات یہ ہے کہ گاجر کا جوس دیگر پھلوں کے رس کے ساتھ مل کر ان کا ذائقہ اور افادیت بڑھا دیتا ہے۔ گاجر کے جوس کے فوائد سے پہلے یہ جان لیجئے کہ اس میں کون سے اہم غذائی اجزاء پائے جاتے ہیں۔

تحقیق کے مطابق ایک کپ گاجر کے جوس میں 94 کلو کیلوریز غذائیت ہوتی ہے، جس میں سے 2.24 گرام پروٹین، 0.35 گرام چکنائی، 21.90 گرام کاربوہائیڈریٹس، 1.90 گرام فائبر، 689 ملی گرام پوٹاشیم، 20 ملی گرام وٹامن سی، 0.217 ملی گرام تھایامین، 0.512 ملی گرام وٹامن بی 6، 2,256 مائیکرو گرام

وٹامن اے، 36.6 مائیکرو گرام وٹامن کے علاوہ دیگر اجزا پائے جاتے ہیں۔

گاجر کا جوس غذائیت سے بھرپور تو ہوتا ہی ہے لیکن یہ کئی خوفناک امراض کو روکنے میں مددگار ثابت ہوتا ہے۔ جن کی تفصیل مندرجہ ذیل سطور میں بیان کی جارہی ہے۔

معدے کا کینسر

گاجر اینٹی آکسیڈنٹس سے بھرپور ہوتا ہے جن کی سرطان روکنے کی صلاحیت سے سب واقف ہیں، ایک مطالعے سے معلوم ہوا ہے کہ گاجر کا جوس معدے کے کینسر کو دور رکھنے میں مددگار ہوتا ہے اگر مسلسل گاجریں کھائی جائیں تو معدے کے سرطان کے امکانات 26 فیصد تک کم ہو جاتے ہیں۔

لیوکیمیا کا تدارک

ایک مطالعے سے انکشاف ہوا ہے کہ گاجر کا رس لیوکیما کے خلیات (سیلز) کو ختم کرنے میں مؤثر کردار ادا کرتا ہے۔ بسا اوقات گاجر کا جوس لیوکیما کے خلیات کو ازخود تباہ کر دیتا ہے اور ان کے پھیلاؤ کو روکتا ہے البتہ اس ضمن میں مزید تحقیق کی ضرورت ہے۔ لیوکیمیا خون اور ہڈی کے گودے میں ہونے والا ایک کینسر ہے، یہ بچوں اور نوعمروں میں پایا جانے والا سب سے عام کینسر ہے، لیوکیمیا ہڈی کے گودے کے صحیح طور پر کام نہ کرنے سے ہوتا ہے۔

چھاتی کے سرطان سے بچائیے

گاجروں میں کیروٹینوئیڈز کی بڑی مقدار پائی جاتی ہے جو چھاتی کے کینسر کو دوبارہ حملہ کرنے سے روکتی ہے، اس کے علاوہ سائنسدان پہلے ہی بتا چکے ہیں کہ

خون میں کیروٹینوئیڈز کی مقدار جتنی زیادہ ہوگی، بریسٹ کینسر کے لوٹنے کا خطرہ اتنا ہی کم ہو جاتا ہے۔

اس کے لیے ایک چھوٹا سا مطالعہ کیا گیا کہ خواتین کو تین ہفتوں تک روزانہ 8 اونس گاجر کا جوس پلایا گیا۔ اس کے بعد جب ان خواتین کے خون کا مطالعہ کیا گیا تو معلوم ہوا کہ ان کے خون میں کیروٹینوئیڈز کی مقدار زیادہ تھی جب کہ آکسیڈیٹیو اسٹریس کی علامات کم تھیں جو کینسر کی وجہ بن سکتی ہیں۔

سانس اور پھیپھڑوں کے امراض میں مفید

گاجر کا جوس وٹامن سی سے بھرپور ہوتا ہے اور یہ سانس کے ایک مرض کرونک اوبسٹرکٹیو پلمونری ڈیزیز (سی او پی ڈی) کی شدت کم کرتا ہے۔ اس ضمن میں کوریا میں 40 سال سے زائد عمر کے افراد کا جائزہ لیا گیا تو معلوم ہوا کہ جن لوگوں میں سی او پی ڈی کا مرض تھا وہ کیروٹین سمیت پوٹاشیم، وٹامن اے اور وٹامن سی کا استعمال کم کر رہے تھے اور ان میں سے سگریٹ پینے والے وہ افراد جو وٹامن سی کی مناسب مقدار کھا رہے تھے ان میں سی او پی ڈی کا مرض بہت کم تھا۔

دیگر فوائد

گاجروں میں موجود وٹامن اے آنکھوں کے لیے نہایت مفید ہے۔ اس میں موجود ریشے (فائبر) خون میں کولیسٹرول کم کرتے ہیں اور وزن کو بھی قابو میں رکھتے ہیں۔

* * *